coleção  primeiros passos 17

Vavy Pacheco Borges

O QUE É HISTÓRIA

editora brasiliense

copyright © by Vavy Pacheco Borges, 1980
Nenhuma parte desta publicação pode ser gravada,
armazenada em sistemas eletrônicos, fotocopiada,
reproduzida por meios mecânicos ou outros quaisquer
sem autorização prévia do editor.

2ª edição, 1993
12ª reimpressão, 2013

Diretora editorial: *Maria Teresa B. de Lima*
Editor: *Max Welcman*
Capa: *Luciano Pessoa*
Revisão: *Angela das Neves*
Atualização da Nova Ortografia: *Natália Chagas Máximo*

Dados Internacionais de Catalogação na Publicação (CIP)
(Câmara Brasileira do Livro, SP, Brasil)

Borges, Vavy Pacheco
 O que é história / Vavy Pacheco Borges São Paulo :
Brasiliense, 2013 (Coleção Primeiros Passos; 17)

 12ª reimpr. da 2. ed. 1993.
 ISBN 85-11-01017-3

 1. História I. Título II. Série

05-1078   CDD-900

Índices para catálogo sistemático:
1. História   900

editora brasiliense ltda.
Rua Antônio de Barros, 1839 – Tatuapé
CEP 03401-001 – São Paulo – SP
www.editorabrasiliense.com.br

SUMÁRIO

I. Por que este livro? 7
II. A história da história 11
   A pré-história da história 11
   O aparecimento da história 18
   A história teológica 21
   A erudição, a razão e o progresso na história 26
   O materialismo histórico e a história acadêmica 35
   Perspectivas atuais 40
III. A história hoje em dia 47
   O que é a história e para que serve? 49
   Como produzir a história? 58
IV. A história no Brasil 71
Indicações para leitura 83
Sobre a autora 86

*Para Caio,
com imensa saudade*

I
POR QUE ESTE LIVRO?

Há certas definições que parecem desnecessárias. História é um termo com o qual convivemos diariamente desde a infância. A maior parte das pessoas a quem se fizer a pergunta-título deste livro se considerará em condições de respondê-la, coisa que não se daria, por exemplo, se se perguntasse "o que é semiótica?"... Mas, ao tentar uma resposta a "o que é história?", a pessoa se enrolará, não chegando a nenhuma definição precisa, ou dirá, com certo desinteresse, refletindo um consenso mais ou menos geral: "A história é o que já aconteceu há muito tempo...".

Dentro do quadro da chamada civilização europeia ocidental, o Brasil é um país "novo", quase sem história, pois seus cinco séculos não parecem suficientes para criar uma consciência desse passado. Além do mais, somos realmente um país de jovens, com uma população de aproximadamente — segundo o PINAD do IBGE realizado em 1987 — 46% menor de vinte anos. Esse fator "juventude" é conjugado a uma grande porcentagem de analfabetismo, a um notável desprestígio das ciências humanas e da cultura e a um ensino antiquado e desmotivador. O descaso, a destruição dos vestígios concretos de nosso passado (construções, paisagens, documentação pictórica, escrita e falada etc.) é enorme. Todos esses elementos resultam num desinteresse pela história do país.

Esses jovens têm razão: o passado visto por si mesmo, o passado pelo passado, tem um interesse muito limitado e, por vezes, nulo. Mas a história, hoje em dia, não visa explicar esse passado distante e morto. E é a contribuição que ela pode trazer para a explicação da realidade em que vivemos que nos leva a ver como fundamental sua divulgação fora das universidades e das escolas onde ela está prisioneira há longos anos. Essa divulgação se torna importante na medida em que se acredita que a história, ajudando a explicar a realidade, pode ajudar ao mesmo tempo a transformá-la.

Tudo o que dissemos até agora nos incita a este pequeno livro, explicação inicial de um tema complexo e difícil.

Muitas obras já foram escritas sobre o tema; o que aqui escrevo resulta da assimilação de pontos de vista de algumas dessas obras, durante anos de ensino e pesquisa. Indicarei alguns livros básicos para quem quiser ir mais a fundo e conhecer o que disseram sobre a história os seus estudiosos.

A história, como as outras formas de conhecimento da realidade, está sempre se constituindo: o conhecimento que ela produz nunca é perfeito ou acabado. Há inúmeras discussões entre os vários especialistas sobre o que é a história. Historiadores, filósofos, sociólogos, politicólogos estão sempre debatendo sobre isso. Os historiadores, em particular, procuram delimitar, entre as outras áreas que estudam o homem, qual o campo específico da história. Tomam várias posições, diferentes e até conflitantes. Discutem se a história deve estudar só o passado, se pode fazer previsões. Tratam de definir os métodos e técnicas mais adequados para se atingir o conhecimento histórico. A utilização deste, sobretudo, é sempre dos assuntos mais polêmicos: o que não se pode fazer com tais conhecimentos! Como se pode manipular, pelas mais diversas razões, o passado do homem, o passado de um povo, de uma nação!

Alguns aspectos dessas discussões estão aqui introduzidos de forma breve e facilitada, procurando encaminhar os primeiros passos do leitor.

Para se compreender satisfatoriamente a história como hoje ela se configura, é preciso recapitular sua origem e sua evolução. Somente a história da história pode nos fazer compreender como hoje ela se apresenta. Partimos, portanto, de um primeiro capítulo que aborda essa história da história, desde sua origem nos mitos e na tradição oral. No segundo capítulo, articulamos nossa visão atual da história, sua significação e sua produção. No apêndice final, colocamos algumas informações sobre a situação da história no Brasil.

A HISTÓRIA DA HISTÓRIA

A pré-história da história

"História" é uma palavra de origem grega, que significa investigação, informação. Ela surge no século VI antes de Cristo (a.C.). Para nós, homens do Ocidente, a história, como hoje a entendemos, iniciou-se na região mediterrânea, ou seja, nas regiões do Oriente Próximo, da costa norte-africana e da Europa Ocidental.

Antes disso, porém, vemos que os homens, desde sempre, sentem necessidade de explicar para si próprios sua origem e sua vida. A primeira forma de explicação que surge nas sociedades primitivas é o mito, sempre transmitido em forma de tradição oral. Entre os conhecimentos práticos, transmitidos oralmente de geração a geração, essas sociedades incluem explicações mágicas e religiosas da realidade. Para nós, homens do século XX, acostumados a um pensamento dito científico, uma explicação mítica parece pueril, irracional e ligada à superstição. Mas é preciso que reconheçamos no mito uma forma de pensamento primitivo, com sua lógica e coerência próprias, não sendo simples invenção ou engodo. O mito tem uma força muito grande no tipo primitivo de sociedade. Ele fornece uma explicação que para os povos que a aceitam é uma verdade.

O mito é sempre uma história com personagens sobrenaturais, os deuses. Nos mitos, os homens são objetos passivos da ação dos deuses, que são responsáveis pela criação do mundo (cosmos), da natureza, pelo aparecimento dos homens e pejo seu destino.

Os mitos contam em geral a história de uma criação, do início de algo. É sempre uma história sagrada. Comumente se refere a um determinado espaço de tempo que é considerado um tempo sagrado: é um passado tão distante, tão remoto, que não o datam concretamente, não sabem quando ele se deu. É um tempo além da possibilidade de cálculos: referem-se a ele como "o princípio de todas as coisas", "os primórdios". Os fatos mitológicos são apresentados um após os outros, o que já mostra, portanto,

Registros da mitologia grega: uma estátua da deusa Vênus e uma reprodução em cerâmica de Aquiles e seu filho morto.

uma sequencia temporal; mas o mito se refere a um pseudotempo e não a um tempo real, pois não é datado de acordo com nenhuma realidade concreta. Daí o mito mostrar o eterno retorno, a repetição infinita: é um tempo circular, não linear.

Em geral, o mito é visto como um exemplo, um precedente, um modelo para as outras realidades. Ele é sempre aplicado a situações concretas. Existem inúmeros mitos da criação do mundo (mitos cosmogônicos) que são vistos como exemplo de toda situação criadora. As sociedades são mostradas como tendo origem, geralmente, em lutas entre as diferentes divindades.

Conhecemos a existência, entre o IV e o III milênios a.C., de sociedades mais complexas nas quais existe a escrita e um governo centralizado, que dirige uma sociedade organizada em uma hierarquia social. Nessas sociedades, as fontes históricas mais remotas são as inscrições, assim como os anais religiosos (listas de sacerdotes, cerimônias religiosas etc.).

Esse governo é em geral monárquico, e a sua origem é sempre vista como divina. Os reis representam os deuses e são eles que tudo decidem, sendo seus atos registrados em anais. São esses os primeiros registros voluntários para a posteridade. São limitados, pois têm objetivos políticos bem explícitos.

Entre essas civilizações destacam-se a egípcia e a mesopotâmica, duas das mais importantes na chamada Antiguidade Oriental. Na sua história, entramos em contato com dois mitos da origem do mundo, que parecem ter sido muito significativos para elas.

Esses dois mitos são muito representativos e explicam a origem divina dos homens sempre ligada a uma ideia de renascimento. É a morte de um deus e o seu renascimento que trazem o aparecimento da vida, da natureza e dos homens.

No Egito, conta-se que, nos primeiros tempos, Osíris (deus da terra, do sol poente, responsável pela fertilidade, e por isso também visto como o deus do Nilo) é assassinado por outro deus, seu irmão Set (deus do vento do deserto, das trevas e do mal), e seu corpo espalhado por várias partes do país. Sua irmã-esposa Ísis (deusa da vegetação e das sementes), auxiliada por seu filho Hórus (deus-falcão e do sol evante), vai conseguir, através de palavras mágicas, reunir todas as partes, e Osíris revive, indo morar entre os deuses. Muitos textos relatam diferentes formas do mito. Ele é visto como a luta entre a luz e as trevas, como a vida sucedendo à morte; é visto como significando a vida que vem do Nilo, que gera a fertilidade do Egito. Essa versão da morte e do renascimento de Osíris é a forma de os egípcios explicarem a noção de imortalidade e sua eterna dependência da natureza.

Na Mesopotâmia, acredita-se em dois princípios originários: Tiamat (o princípio feminino) e Aspu (o princípio masculino), deles descendendo todas as outras gerações de deuses. O último deles, Marduk, vai vencer em luta os deuses antigos que o precederam. Ele vai formar o mundo com o corpo de Tiamat, umedecendo-o com o sangue de um arquidemônio, Kingu. Marduk, o criador dos homens, é o deus da capital da Babilônia. Para alguns, esse mito mostra os homens sendo criados pelos deuses para alimentá-los através de seu trabalho. Isso justificaria parcialmente a visão trágica do mundo e o pessimismo característico da cultura da Mesopotâmia, ao explicar por que o homem não obteve, nem poderia obter, a imortalidade.

Na Grécia, por volta do primeiro milênio a.C., o mito começa a ter uma conotação diferente: vamos encontrá-lo na poesia, por exemplo na *Ilíada*, poema épico atribuído a Homero (datado provavelmente por volta do ano 1000 a.C.). Nele encontramos lendas e mitos da época micênica, berço inicial da civilização grega. Entre outros mitos, lá referidos, encontramos o da origem da Europa. Europa era filha de Agenor, rei da Fenícia, país da Ásia Menor, no Oriente Próximo. Zeus, o principal dos deuses gregos, por ela se apaixona. Sob a forma de touro, vai seduzi-la e raptá-la, atravessando o mar Mediterrâneo e levando-a para a ilha de Creta. Lá ela vai se tornar

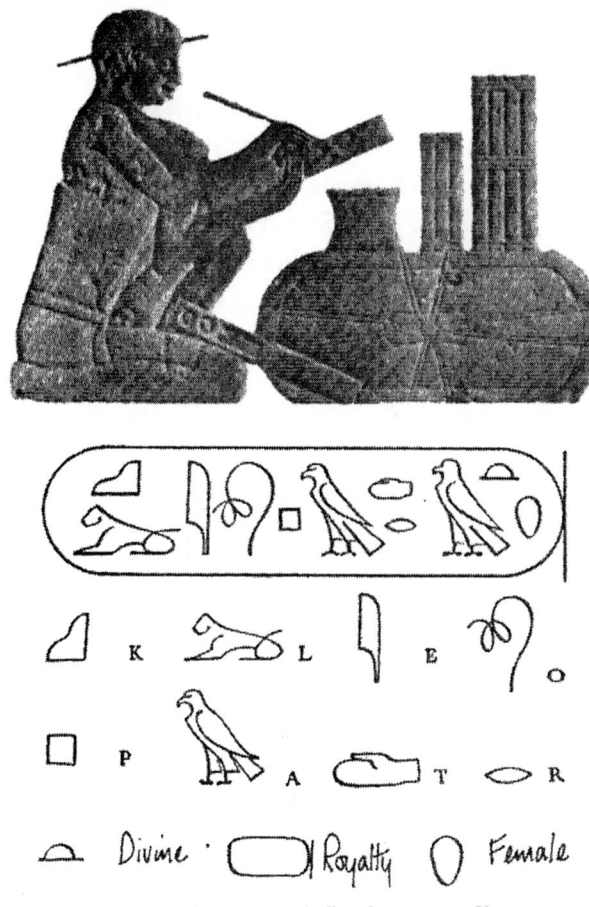

Um escriba egípcio trabalhando e o nome Cleópatra escrito em hieroglifos.

a mãe de Minos e seu nome vai ser dado a uma das três partes do mundo antigo. É curioso notar que a civilização europeia é, em grande parte, herdeira da civilização grega. Por esse mito, vemos uma relação entre a Europa e a Fenícia; ora, os fenícios são os grandes navegadores que difundiram pelo Mediterrâneo a civilização do Oriente Próximo; a eles devemos, entre outras contribuições, o alfabeto europeu ocidental.

O aparecimento da história

A explicação mítica não vai, evidentemente, desaparecer, continuando até hoje em quase todas as manifestações culturais, não como a única forma de explicação da realidade, mas paralela a outras, como a história.

Ao recontar ou recopiar essas explicações, num certo momento, os homens passam a refletir sobre elas. É especialmente um estudioso dos mitos, Hecateu de Mileto (colônia grega da Ásia Menor), no século V a.C., que vai, ao voltar do Egito, dizer: "Vou escrever o que acho ser verdade, porque as lendas dos gregos parecem ser muitas e risíveis". Na região em que Hecateu vive, cruzam-se muitas civilizações, e os viajantes, em seus contatos mútuos, vão-se esclarecendo.

A história, como forma de explicação, nasce unida à filosofia. Desde o início elas estão bastante ligadas; é a filosofia que vai tratar do conhecimento em geral. Em seu início, o campo filosófico abrange embrionariamente todas as áreas que depois iriam se afirmar como autônomas: a matemática, a biologia, a astronomia, a política, a psicologia etc. São os próprios gregos que descobrem a importância específica da explicação histórica. Heródoto, de acordo com a orientação empreendida por Hecateu de Mileto, se propõe a fazer investigações, a procurar a verdade. Heródoto é considerado o pai da história, pois é o primeiro a empregar a palavra no sentido de investigação, pesquisa. Sua obra mais antiga começa assim: "Eis aqui a exposição da investigação realizada por Heródoto de Halicarnasso para impedir que as ações realizadas pelos homens se apaguem com o tempo". Ele e os primeiros historiadores gregos vão fazer indagações entre seus contemporâneos, aproveitando, para escrever a história, também, as tradições orais e os registros escritos.

Os cidadãos gregos querem conhecer a organização de suas cidades-estado, as transformações que elas sofrem. Percebe-se que em geral os historiadores buscam explicações para os momentos e situações que atravessam as sociedades nas quais vivem. Heródoto, por exemplo, estuda, sobretudo, a guerra entre os gregos e os persas (490-479 a.C.), grande confronto entre o Leste e o Oeste que marca o século V, no qual ele escreve; nessa guerra, os gregos, indo contra a expansão imperialista persa, garantem sua independência, o que vai permitir seu grande desenvolvimento posterior. Tucídides, outro historiador grego, estrategista de Atenas, que vive entre os séculos V e IV a.C., vai estudar as guerras do Peloponeso, entre Esparta e Atenas.

Percebe-se, portanto, que os historiadores estão ligados à sua realidade mais imediata, espelhando a preocupação com questões do momento. Não vemos mais uma preocupação com uma origem distante, remota, atemporal (como existia no mito), mas sim a tentativa de entender um momento histórico concreto, presente ou proximamente passado. Há uma narração temporal cronológica, referente agora a uma realidade concreta. Não procuram mais conhecer uma realidade atemporal, mas a realidade específica que vivem, a de um determinado tempo e um determinado espaço.

A explicação não é mais atribuída a causas sobre-humanas, não são mais os deuses os responsáveis pelos destinos dos homens. Estes começam a examinar os fatores humanos, como os costumes, os interesses econômicos, a ação do clima etc., embora ainda se encontrem referências aos mitos e aos deuses.

Há uma preocupação explícita com a verdade.Políbio, grego e historiador do século II a.C. (depois que a Grécia foi conquistada por Roma), escreve:

"Desde que um homem assume atitude de historiador, tem de esquecer todas as considerações, como o amor aos amigos e o ódio aos inimigos... Pois assim como os seres vivos se tornam inúteis quando privados de olhos, também a história da qual foi retirada a verdade nada mais é do que um conto sem proveito".

Ele testemunha a ascensão de Roma: sendo durante 16 anos refém em Roma, procura saber como, em aproximadamente cinquenta anos, os romanos se tornam donos do mundo habitado (na visão de então, a zona mediterrânea).

A cultura romana é, em grande parte, herdeira da cultura grega. Às características da história na Grécia, os romanos acrescentam, sobretudo uma noção utilitária, pragmática: a história exalta o papel de Roma no mundo, servindo ao seu imperialismo. O mesmo Políbio escreve que Roma é "a obra mais bela e útil do destino" e que todos os homens devem a ela se submeter. A história é vista como mestra da vida, levando os homens a compreenderem o seu destino. Roma é o centro do mundo, e a imposição de seu destino é o destino histórico mundial.

A história teológica

A essa visão unificada da humanidade, os judeus, povo do Oriente Médio dotado de uma religião e uma visão do mundo específicas, atribuem um outro sentido. Com a difusão da religião judaico-cristã no Império Romano, durante o período da desestruturação desse, temos grandes mudanças. O processo histórico pelo qual passa a humanidade é então unificado não mais em torno da ideia de Roma, mas de uma visão do cristianismo como fundamento e justificativa da história. A influência do cristianismo é tão grande em nossa civilização que toda a cronologia de nosso passado é feita em termos do seu acontecimento central, a vinda do filho de Deus à terra. Cristo, tornando-se homem, possibilita a salvação da humanidade, meta final da história. Todo o nosso passado é dividido, como já notaram, nos tempos "antes de Cristo" (a.C.) e nos tempos "depois de Cristo" (d.C.). A história da humanidade se desenrolaria de acordo com um plano divino, sendo a vinda de Cristo à terra o centro desse processo.

A história continua tendo uma visão do tempo linear, cujo desenvolvimento é conduzido segundo um plano da Providência Divina. É a volta a uma explicação sobrenatural, semelhante à do mito, e também cosmogônica. Ela se impõe no início do período medieval (séculos V e VI d.C.), perdurando como forma única por toda a Idade Média, quando se forma a civilização europeia ocidental.

A realidade agora está dividida em dois planos: o superior, perfeito (representado por Deus) e o inferior, imperfeito (representado pelos homens). Essa visão é introduzida na história por Santo Agostinho, em sua obra

A Cidade de Deus; ele é o primeiro formulador de uma interpretação teológica da história (do grego, *teos*, ou seja, "deus"). O plano superior da realidade é a Cidade de Deus, enquanto o plano inferior é a Cidade dos Homens.

O Cristianismo é uma religião eminentemente histórica, pois não prega uma cosmovisão atemporal, mas sim uma concepção que aceita um tempo linear, que se ordena em função de uma intervenção divina real na história. Para a fé cristã, o fato de o próprio filho de Deus se ter feito homem (sua vinda à terra é preparada pelo povo judeu, através de seus profetas, seus reis e seus patriarcas) é um acontecimento histórico, situado de maneira concreta, em determinado lugar e época.

O sentido global da história da humanidade é revelado por Deus aos homens, e a Igreja é a responsável pela orientação da humanidade em sua busca da salvação.

Os primeiros séculos da Idade Média vão ser os da formação da civilização europeia ocidental. É então que temos o aparecimento da Europa na história, com a afirmação de uma identidade comum a diferentes povos, que vivem uma forma de vida muito semelhante. As bases comuns a esses povos são o mundo romano em desestruturação e o chamado mundo bárbaro (composto por povos que viviam fora do domínio do Império Romano). Os elementos desses dois mundos vão se misturar lenta e completamente do século IV ao VII, através da influência da Igreja, que vai marcar de forma profunda toda a sociedade.

É este um período muito importante para nós, pois somos, em grande parte e através de muitas vias, herdeiros dessa civilização. Estamos profundamente impregnados por seu modo de vida, seus valores, suas atividades culturais etc. Todos já vivenciamos a atração que o chamado Velho Mundo exerce sobre nós, e a propaganda turística faz tudo para aumentar esse sentimento.

Os séculos iniciais da Idade Média são de regressão demográfica e cultural; a população vive em sua maior parte no campo e quase ninguém sabe ler (até o famoso imperador Carlos Magno era analfabeto!). A Igreja, grande proprietária de terras, é quem registra a organização e as formas de trabalhar essas terras. São os inventários das abadias de Saint-Germain-de-Prés e de Saint-Denis, na França, os melhores documentos para conhecermos como funcionava, no seu início, o chamado sistema feudal, que se torna predominante do século IX em diante.

Somente membros do clero sabiam ler e escrever. A maior parte do que foi escrito nessa época é feita pelo clero. Grande parte das fontes são, por exemplo, vidas de santos. A própria palavra clérigo (ou seja, "do clero") quer dizer letrado, em inglês. Até hoje nessa língua a palavra conservou esses dois sentidos.

Os documentos leigos vão começar a aparecer só bem mais tarde, nos séculos XII, XIII, com o renascimento urbano e comercial; surgem como registros de comerciantes particulares, diários de escudeiros, de cavaleiros famosos, de menestréis etc.

A história escrita nesse período não apresenta o mesmo rigor crítico de investigação que apresentava entre os gregos, nem a mesma procura de compreensão e explicação: ela se compõe, sobretudo das chamadas crônicas ou anais, em que se relatam fatos, mais do que outra coisa. Os cronistas (a maior parte membros do clero) são elementos contratados por uma casa real, um ducado etc., para escrever sua história. Há, portanto, nas obras deles, uma nítida vontade de agradar a quem os emprega. Não há uma preocupação em aferir a veracidade dos fatos; há um predomínio da tradição oral, sem se verificar o que já se escrevera.

A Idade Média é um período em que se vê, associada à predominância da fé, uma enorme credulidade geral. Acreditava-se em lendas fantásticas, no paraíso terrestre, na pedra filosofal, no elixir da vida eterna, em cidades todas de ouro, etc. Existem lendas sobre os mares estarem assolados por monstros, sobre a terra que terminava de forma súbita por ser plana, etc. Toda essa mentalidade reinante refletiu-se na forma de se escrever a história, na qual há uma grande presença do milagre, do maravilhoso e do impossível.

Aos poucos isso tudo vai sendo substituído por um melhor conhecimento do globo, que a Europa vai descobrir e explorar. São publicados estudos de geografia, mapas, há uma renovação da visão do mundo como um todo, e a história acaba refletindo essas alterações.

A erudição, a razão e o progresso na história

A sociedade europeia ocidental está, no período que é considerado como o início da Modernidade (século XVI), em plena desestruturação do sistema feudal. As condições de sociedade em crise permitem que um grupo social em formação (a burguesia, em geral constituída por habitantes das cidades, com interesses no comércio e na indústria, de início manufatureira) vá se impor pouco a pouco, ao longo de alguns séculos, num fenômeno de urbanização inverso ao que se dera no final do Império Romano, e que se prolonga até nossos dias de forma inexorável.

Um mundo real devido à expansão comercial se estende à frente dos homens da Europa Ocidental, e eles vão se dedicar à sua compreensão. Um humanismo que procura focalizar sua atenção no homem, como centro desse universo, se impõe lentamente desde o final da Idade Média.

O interesse pelo homem como centro do mundo vai surgir dentro e em oposição a uma sociedade medieval que está preocupada só com a fé cristã, a qual então encerra a explicação para todas as coisas; o peso da tradição é também um dos valores dominantes nesse período que termina. As mudanças são lentas, mas constantes, em direção a um abandono da antiga visão religiosa da história que, porém, ainda influencia os filósofos e estudiosos dos séculos posteriores e possui adeptos até mesmo no nosso século. O contato com a filosofia árabe e, por meio desta, com a filosofia grega, sobretudo a aristotélica, modificara bastante o ambiente cultural da época; havia já desde os séculos XII e XIII os que dividiam e os que conciliavam fé e razão.

Aos poucos, assim, vai-se formando uma concepção não teológica do mundo e da história. O conhecimento não parte mais de uma revelação divina, mas de uma explicação da razão. O racionalismo se impõe daí em diante; não se procura mais a salvação num outro mundo, mas um progresso e a perfeição aqui neste mesmo; não se é mais guiado pela fé, mas pela razão. Uma outra corrente de pensamento, posteriormente, se fortalece: o empirismo, que enfatiza o papel da experiência no conhecimento, recusando explicações que não se apoiem nos fatos.

Durante o Renascimento, a cultura europeia ocidental, desprezando os dez séculos medievais, procura retomar a

Antiguidade greco-romana, seus valores, sua arte, etc. Isso vai ter consequências importantíssimas para o conhecimento histórico. Com a preocupação pelos textos antigos e por sua exatidão, com a pesquisa e a formação de coleções de moedas, de objetos de arte, de inscrições antigas, vai ser levantado um enorme material para a reconstituição desse passado. Do século XVI ao XIX vão-se multiplicar as técnicas para reunir, preparar e criticar toda essa documentação, que fornece os dados e os elementos para a interpretação histórica. Esse conjunto de técnicas se aperfeiçoa constantemente nesse período e vai auxiliar a história (seu conjunto constitui a erudição).

Essas técnicas permitem que, nas polêmicas levantadas pela divisão interna que se dá na Igreja nesse período (a Reforma), numa procura de exatidão se busque saber exatamente o que se passou com a Igreja e o cristianismo. Um desses casos, por exemplo, é o de uma mulher-papa, que teria existido nos séculos XI, XII ou XIII, a papisa Joana. No século XVI, descobre-se que isso foi algo criado no século XIII. Outro exemplo típico é o caso da Doação de Constantino. Em 1440, descobriu-se que esse documento, importantíssimo durante a Idade Média, era falso, forjado no século VIII ou IX d.C. Seu texto relata a doação feita por Constantino (imperador romano que concedeu a liberdade ao cristianismo no ano 313 d.C.), ao papa Silvestre I da

Itália e da cidade de Roma, assim como a primazia sobre os outros bispados mais importantes. Essa doação era a base que justificava as pretensões do papado, na Idade Média, à posse de territórios na Itália.

Os estudiosos humanistas, numa linha que surge desde a segunda metade da Idade Média (século XII em diante), revivem a tradição de crítica dos filósofos (estudiosos de texto) e historiadores da Antiguidade. Do avanço dessas técnicas eruditas é que nascem ou se afirmam a cronologia (estudo da fixação das datas), a epigrafia (estudo das inscrições), a numismática (estudo das moedas), a sigilografia (estudo dos selos ou sinetes), a diplomática (estudo dos diplomas), a onomástica (estudo dos nomes próprios), a heráldica (estudo dos brasões), a genealogia (estudo das linhagens familiares), a arqueologia (estudo dos vestígios materiais antigos), a filologia (estudo dos escritos antigos). Há um esforço contínuo, através dessas técnicas, para se aprender a escolher os documentos significativos, situá-los no tempo e no espaço, classificá-los quanto ao gênero e criticá-los quanto ao grau de credibilidade.

No século XVIII, numa sociedade em plena transformação, com a desestruturação final do sistema feudal e o avanço da ordem burguesa, surge o iluminismo, corrente filosófica que procura mostrar a história como sendo o desenvolvimento linear progressivo e ininterrupto da razão humana. Para os iluministas, a Idade Média foi o período das trevas (causadas pela fé, como explicação de tudo), mas agora, com o iluminismo, o conhecimento se aproxima da verdade ("iluminismo" vem de "luz"). Para esses filósofos, a humanidade irá cada vez mais dominar a natureza, numa evolução progressiva constante. Com Voltaire, um dos maiores filósofos dessa escola, surge a preocupação com a sociedade em seu sentido mais amplo — ele quer ver a "história da civilização" —, preocupação que acabará impondo-se na Europa Ocidental. O homem "iluminado", levado pela fé em sua própria razão, trabalha para seu próprio progresso.

A burguesia, que depois das guerras napoleônicas fica cada vez mais presente na Europa, vai procurar reorganizar suas formas de pensamento, buscando explicar a nova realidade. Não são mais os teólogos que estão no comando dessa explicação, mas sim os filósofos. O liberalismo é a explicação, a justificação racional dessa nova sociedade; essa corrente filosófica reclama o progresso através da liberdade, contra a forte autoridade das monarquias e da Igreja, que se exerceu, durante muito tempo, em todos os níveis da sociedade. Depois da Revolução Francesa, esse liberalismo, agora sem função destruidora, vai se fixar mais numa posição organizadora dos estados nacionais liberais, cujo melhor exemplo é a Inglaterra.

Voltaire: a razão na história.

Alguns historiadores do período, chamados especificamente de liberais, são muitas vezes estadistas, homens envolvidos na ação política: com esse intuito amplo produzem suas obras, em geral de caráter nitidamente político.

No século XIX, temos a afirmação dos nacionalismos europeus e conflitos daí recorrentes. Nesse sentido, os Estados em organização e estabilização (como a Inglaterra e a França) e os Estados ainda em processo de unificação (como a Alemanha e a Itália) vão estimular o interesse pelo estudo de sua história nacional. Surgem inúmeras sociedades de pesquisa, governamentais ou particulares.

Cada país vai levantar a documentação referente ao seu passado. A Alemanha, em sua clara preocupação nacionalista, vai pesquisar, sobretudo, o período medieval e procurar valorizar sua origem (bárbara, ou seja, germânica). Compila uma série documental a *Monumenta Germaniae Historica*, que é a mais importante coleção de textos medievais existentes até hoje. É uma obra diretamente estimulada pelo governo e levam décadas o trabalho de recolhimento de textos, classificação etc. Aí estão reunidas as mais variadas leis bárbaras e documentos sobre imperadores e papas, crônicas, poemas, etc.

Dentro dessa visão nacionalista se encaixam alguns historiadores que são classificados como românticos, pois dotados de uma certa contemplação sentimental da história, procuram uma volta ao passado cheia de nostalgia. Para eles, a história não pode ser feita como uma análise fria: o passado deve ser ressuscitado em todo o seu ambiente próprio. A sua época predileta foi a Idade Média, com seus castelos, suas lendas e sua crueldade, seus cavaleiros e seus torneios, suas catedrais e seu misticismo. Para compreender a história de cada nação, preocupação geral do século, os historiadores voltam ao passado, procurando caracterizar o espírito de cada povo; esse espírito é que explica para eles sua situação e sua maneira de ser.

É na Alemanha que surge a preocupação de transformar a história em uma ciência. A Europa vive uma época de grande desenvolvimento das ciências naturais, como a física e a química. Os historiadores alemães, em reação ao idealismo (que veremos daqui a pouco), querem que a história se torne uma ciência o mais segura possível, como as ciências exatas. Pretendem um grau de exatidão científica semelhante: a elaboração de métodos de trabalho análogos e efetivos, que estabelecessem leis e verdades de alcance universal.

Com a finalidade acima, seu trabalho vai se centralizar numa crítica seríssima das fontes, visando ao levantamento criterioso dos fatos. O maior nome dessa tendência, chamada "escola científica alemã", é Leopold Ranke, cuja frase famosa exprime toda uma forma de contar a história imperante no século passado: era preciso levantarem-se os fatos "como eles realmente se passaram". Seu trabalho é exigente, seguro, mas essa linha de orientação vai acabar dando força ao positivismo histórico, iniciado no século passado, mas com uma enorme influência até hoje.

O positivismo como filosofia surge ligado às transformações da sociedade europeia ocidental, na implantação de sua industrialização. Segundo essa forma de pensamento, cabe à história um levantamento "científico" dos fatos, sem procurar interpretá-los, deixando à sociologia sua interpretação. Para os historiadores positivistas, os fatos levantados se encadeiam como que mecânica e necessariamente, numa relação determinista de causas e consequências (ou seja, efeitos). A história por eles escrita é uma sucessão de acontecimentos isolados, relatando, sobretudo, os feitos políticos de grandes heróis, os problemas dinásticos, as batalhas, os tratados diplomáticos, etc.

Para realizarem trabalhos que considerem realmente científicos, esses historiadores acham que é preciso ver o passado como algo morto, com o qual o presente em que vivem nada tem a ver, e que é possível se ter em relação ao objeto do passado que se estuda uma atitude absolutamente neutra.

Nessa nova sociedade que se impõe no século XIX aparece uma corrente filosófica, o idealismo alemão, que traz enormes consequências para a história. Hegel, seu maior nome, vai estabelecer uma nova atitude filosófica frente ao conhecimento. Ele supera o racionalismo que endeusa a razão, como a verdade absoluta, e mostra que o conhecimento não é absoluto, mas se constitui como um movimento, o dos contrários (lei da dialética: tese, antítese e síntese).

Hegel transforma o conceito de progresso retilíneo e indefinido (próprio do iluminismo) numa evolução dialética em que não é mais a razão absoluta que explica tudo. A dialética, aceita desde a Antiguidade grega por alguns filósofos, é agora retomada em outro sentido. O idealismo de Hegel é uma concepção que mostra a primazia fundamental das ideias do homem em relação à realidade e ao desenvolvimento do processo histórico.

O materialismo histórico e a história acadêmica

No século XIX, temos a efetivação da sociedade burguesa e a implantação do capitalismo industrial. Ora, desde meados desse século o capitalismo é criticado como forma de organização da sociedade; nessa linha, destacam-se dois pensadores, Karl Marx e Friedrich Engels. Ambos elaboram uma nova concepção filosófica do mundo (materialismo dialético), ao fazerem a crítica da sociedade em que vivem e apresentarem propostas para sua transformação. Seu método aplicado à história é o materialismo histórico.

Os dois estudam, sobretudo o capitalismo, a sociedade burguesa, suas leis de evolução e a transformação dessa realidade fundamental que, da Europa, se estende ao resto do globo. Estudam, introdutoriamente, as formas de sociedade que precedem a capitalista. Ao fazer esses trabalhos, aplicam o método do materialismo histórico, o que vai provocar, até nossos dias, uma mudança definitiva na forma de pensar e produzir a história.

Porém, como o materialismo histórico e seus fundadores estão, desde o início, ligados a uma tentativa de transformação revolucionária da sociedade capitalista burguesa, sua influência na produção histórica da segunda metade do século passado é muito pequena.

Apesar de haver por parte de muitos uma recusa formal e consciente dessa nova teoria, essa acaba por influenciar todos os historiadores ocidentais, ao chamar a atenção para elementos fundamentais que não eram anteriormente levados em conta.

O materialismo histórico mostra que os homens, para sobreviver, precisam transformar a natureza, o mundo em que vivem. Fazem-no não isoladamente, mas em conjunto, agindo em sociedade; estabelecem, para tal, relações que não dependem diretamente de sua vontade, mas do mundo que precisam transformar e dos meios que vão utilizar para isso. Todas as outras relações que os homens estabelecem entre si dependem dessas relações para a produção da vida, não sob uma forma de dependência mecânica, direta e determinante, mas sob forma de um condicionamento. O ponto de partida do conhecimento da realidade são as relações que os homens mantêm com a natureza e com os outros homens; não são as ideias que vão provocar as transformações, mas as condições materiais e as relações entre os homens.

Essa atenção para o aspecto da produção da vida material vai começar a aparecer nos trabalhos dos historiadores não marxistas: desde o início do século XX há uma reação contra a história positivista, que praticamente nada explicava, e, em sua procura de explicação, os historiadores vão começar a levar em conta os fenômenos da produção (para eles produção = economia).

Para Marx e Engels, a história é um processo dinâmico, dialético, no qual cada realidade social traz dentro de si o princípio de sua própria contradição, o que gera a transformação constante na história. A realidade não é estática, mas dialética, ou seja, está em transformação pelas suas contradições internas. No processo histórico, essas contradições são geradas pela luta entre as diferentes classes sociais. Ao chamar a atenção para a sociedade como um todo, para sua organização em classes, para o condicionamento dos indivíduos à classe a que pertencem, esses autores também exercem uma influência decisiva nas formas posteriores de se escrever a história.

Seus grandes legados à história, portanto, são a contribuição para a análise do capitalismo e a introdução do novo método de análise da realidade. Os trabalhos marxistas sobre a história vão proliferar na Rússia, da segunda década do século em diante, com a subida de Stálin ao poder (1924). Eles são, porém, dominados por uma visão dogmática, autoritária, em que as finalidades políticas de implantação de uma sociedade socialista, segundo a visão de Stálin e seu partido, superam a finalidade de uma procura cuidadosa de explicação da realidade. Esse dogmatismo leva a um empobrecimento do pensamento marxista, pois não vê a realidade como dialética. Ele absolutiza o Estado e o poder, simplificando e esquematizando a história. Somente a partir de 1956, quando o dogmatismo stalinista começa a ser denunciado na União Soviética, é que se vai, no campo dos historiadores marxistas, procurar superar os erros cometidos.

Na Europa, as primeiras universidades datam do século XIII, mas é somente no século XIX que o conhecimento histórico passa a ter uma presença específica em seus currículos. Daí em diante, o conhecimento histórico passa a ser produzido, sobretudo no âmbito das universidades. Nessas domina uma visão filosófica liberal, e o materialismo histórico não é aí adotado, por estar associado, desde seu surgimento, à crítica e transformação revolucionária da sociedade capitalista.

Aos poucos, porém, vão aparecendo influências dessa teoria da história; elas são parciais e, nos meios universitários, ainda predomina, até o século XX, a chamada história positivista; é uma história escrita sempre sob o viés nacional, orientada por preocupação essencialmente política.

É, sobretudo na França que ocorrem as primeiras transformações dessa história. Os trabalhos iniciais que revelam essa revisão são os elaborados pelos historiadores franceses, professores universitários, da década de 1930. Esses trabalhos são publicados na revista *Anaes de História Econômica e Social*, cujo primeiro número é publicado em janeiro de 1929. Esse grupo ficou conhecido como a "escola francesa" ou "escola dos *Anaes*"; seus grandes iniciadores foram Marc Bloch e Lucien Febvre. Numa luta contra uma história que fosse somente política, narrativa e factual, e a partir do desenvolvimento de outras ciências do homem, utilizando como inspiração suas técnicas e seus métodos, são agora os responsáveis, como o foi o materialismo histórico, por um novo grande impulso no conhecimento histórico. Embora sem uma unidade teórica, abrem, pelo exemplo de inúmeros trabalhos, um campo mais amplo de análise, além do limitado positivismo. Em vez do estudo dos fatos singulares, procuram chamar a atenção para a análise de estruturas sociais (econômicas, políticas, culturais, religiosas etc.), vendo seu funcionamento e evolução. Aceitam uma história total, que veja os grupos humanos sob todos os seus aspectos e, para tal, uma história que esteja aberta às outras áreas do conhecimento humano, numa visão global: economia, sociologia, política etc.

Perspectivas atuais

A expansão colonialista levou a Europa a entrar em contato com outros povos, outras formas de vida, outros costumes, outras instituições; mas essas outras formas de organização social eram sempre comparadas com a forma de organização europeia, que era considerada como o padrão. A expansão imperialista da Europa (ligada ao seu grande desenvolvimento industrial) acentuara esses contatos entre povos e culturas. O eurocentrismo, esse privilégio, essa colocação da sociedade europeia como modelo das outras, porém, continua. Do ponto de vista do eurocentrismo, a história é apresentada como um processo de desenvolvimento contínuo, desde a pré-história até o período contemporâneo; ela parece ter como meta final a civilização europeia ocidental conforme esta se apresenta constituída no início do século, com seu grande desenvolvimento técnico, econômico e cultural. É lógico que isto não está assim tão claramente enunciado, mas é o que se sente nas entrelinhas de muitas das obras de história europeia.

A Segunda Guerra Mundial, ao projetar a importância dos Estados Unidos, da Rússia e do Japão, mostra aos historiadores a necessidade de rever suas posições eurocentristas. O grande papel desempenhado pelos EUA e pela Rússia na vitória contra Hitler e nas posteriores conversações de paz levou alguns historiadores, em especial o inglês Geoffrey Barraclough, a rever o eurocentrismo. A Europa não poderia mais ser vista como o centro do mundo; explicar a história em função da história da civilização ocidental não faz mais sentido. É preciso, para se entender a presente situação, começar a olhar para as outras partes de nosso globo. As mudanças ocorrem muito vagarosamente, e até hoje temos muita influência dessa visão eurocentrista.

As maiores influências nos trabalhos de história, da metade do século em diante, são, portanto, no mundo ocidental, a visão do materialismo histórico e a visão da "história das civilizações", ligada à "escola dos *Anaes*", também chamada "escola francesa". Elas partem de explicações da realidade bem opostas, pois o método com que abordam o estudo da realidade é basicamente diferente. Aparentemente podem ser feitas algumas aproximações entre essas duas visões. Ambas se preocupam com a sociedade como um todo e com a lenta evolução do processo histórico. Há entre seus historiadores uma preocupação com uma explicação histórica do seu tempo e com a produção da vida econômica.

Os herdeiros da chamada "escola dos *Anaes*", a partir dos anos 1970, galgaram os mais importantes postos acadêmicos e editoriais; a partir disso, atingiram o grande público francês muito interessado em história, através dos grandes semanários e horários nobres em televisão. Produzem o que é chamado não muito corretamente de "nova história", porque continuam se inspirando em uma tradição interdisciplinar francesa que vem do início do século XX; procuram trabalhar a partir de objetos, abordagens, fontes e documentos utilizados por outras disciplinas.

Muitos começaram a trabalhar com a chamada "história serial", produzindo suas conclusões a partir de fontes de dados estatísticos organizados em unidades temporais homogêneas e comparáveis. Em geral, não se interessam somente pelas mudanças, mas também pelas permanências. Há cada vez mais uma preocupação pelo que existia dentro da cabeça dos homens, em todos os seus aspectos; assim, alguns trabalham com a chamada "história das mentalidades", por exemplo, fazendo a história da morte, ou da alimentação, do sexo, ou do medo no Ocidente.

Há uma preocupação com os detalhes do cotidiano dos homens, em seus diversos grupos sociais. Alguns historiadores pretendem iluminar o mais geral do grupo, a partir de um único caso bem documentado; outros não se preocupam em pensar a sociedade como um todo, em localizar na totalidade social seu objeto de estudo. Valorizam então novamente o fato único e singular, embora não como o fazia a história positivista, mas a partir do pressuposto que a diferença é a forma essencial para se pensar a constituição de uma sociedade.

* * *

Este breve resumo pretende introduzir o leitor no caminho percorrido pelo conhecimento histórico em seus aspectos teóricos e metodológicos: quer mostrar como foi concebido e até hoje trabalhado.

Percebeu-se, a partir da segunda metade do século XX, que a história que fica escrita é sempre marcada pela visão, pelos desejos, pelos interesses da chamada "classe dominante". Qualquer sociedade sempre se estrutura em diferentes grupos ou classes, uma das quais detém o poder político, o poder econômico e o prestígio social. De uma forma sutil e muito bem articulada, não visível pelos incautos, e só perceptível numa análise muito acurada, o grupo social dominante tenta sempre, por mecanismos muito complexos, impor aos outros grupos seu modo de ver a realidade, o que vai reforçar os seus interesses, pois lhe permite manter sua situação de privilégio. Nessa visão de mundo que é imposta estão implícitos seus valores, seus preconceitos, etc. Essa dominação, evidentemente, nunca é total (não há nada de "absoluto" na história dos homens), nem completamente consciente e racional. Se assim fosse, não se poderia pensar em transformações. A dominação tem suas próprias contradições e ambiguidades.

Assim, dentro do campo específico da história, há um certo controle, não explícito mas prático, do registro e da documentação. É muito difícil encontrarem-se, por exemplo, documentos da vida dos escravos na Grécia clássica (século V a.C.). Sabe-se, porém, que lá havia uma população com a proporção de um homem livre para cada três ou quatro escravos. Eram os cidadãos livres os elementos que constituíam a classe dirigente da sociedade ateniense, e não temos quase documentação sobre esses escravos, embora eles não fossem analfabetos (eram prisioneiros de guerra de outras regiões).

No caminho percorrido, portanto, vemos que a história nunca foi escrita sob a ótica dos escravos da Antiguidade ou dos servos medievais, mas somente sob a dos cidadãos livres da Grécia e de Roma e dos senhores feudais sob a orientação da Igreja; finalmente, viu-se a história escrita sob a ótica da burguesia, em suas inúmeras configurações, em diferentes e múltiplos caminhos que nos mostram uma sociedade cada vez mais complexa e da qual possuímos cada vez mais documentação.

Do ponto de vista das técnicas de pesquisa, a história está em desenvolvimento constante. Desde as primeiras investigações gregas até o uso do computador, as formas de registrar os fatos históricos e de utilizar suas fontes vêm tendo um contínuo aperfeiçoamento.

Hoje, ao terminar o século XX, cada vez mais a perspectiva de que uma obra de história é uma construção do próprio historiador se impõe: é ele quem escolhe seu objeto, escolhe como vai trabalhá-lo, expô-lo, num abandono da crença positivista em uma possível neutralidade, pelo distanciamento entre o historiador e seu objeto de estudo.

Também não se pensa mais a história dos homens como algo absoluto, objetivo, que está prontinho nos arquivos, sendo somente necessário ir lá buscar seus dados para se ter da História — com "h" maiúsculo — somente uma versão "verdadeira e única". Poderíamos dizer então que a história não é o passado, mas um olhar dirigido ao passado: a partir do que esse objeto ficou representado, o historiador elabora sua própria representação. A história se faz com documentos e fontes, com ideias e imaginação.

Assim o conhecimento histórico mergulha cada vez mais nas formas de sua própria produção, em como foi e em como pode e deve ser escrito, isto é, sua própria história e nas formas de procedimento que lhe são próprias como forma de conhecimento.

A HISTÓRIA HOJE EM DIA

No novo dicionário Aurélio, ao se procurar o termo "história", encontramos muitos significados para a palavra. Entre uns 15 enumerados, podemos destacar alguns que enfocam a história como: o passado da humanidade, o estudo desse mesmo passado, uma simples narração, uma "lorota", uma complicação, etc. Todos esses conceitos podem ser vistos como relacionados ao conceito atual de história.

Como se percebe pelo primeiro capítulo, a história de que aqui tratamos está ligada aos dois primeiros sentidos mencionados e que colocam claramente a ambiguidade fundamental do termo: ele significa, ao mesmo tempo, os acontecimentos que se passaram e o estudo desses acontecimentos. Em português, temos um único termo para todos esses sentidos; em outras línguas, como, por exemplo, o alemão, existe mais de um termo.

A história é a história do homem, visto como um ser social, vivendo em sociedade. É a história das transformações humanas, desde o seu aparecimento na terra até os dias em que estamos vivendo. Desde o início, portanto, pode-se tirar uma conclusão fundamental: quer saibamos ou não, quer aceitemos ou não, somos parte da história, e todos desempenhamos nela um papel. E temos então todos, desde que nascemos, uma ação concreta a desempenhar nela.

São os homens que fazem a história; mas, evidentemente, dentro das condições reais que encontramos já estabelecidas, e não dentro das condições ideais que sonhamos. Eis aí a razão de ser, a justificativa da história, em seu segundo sentido: o conhecimento histórico serve para nos fazer entender, junto com outras formas de conhecimento, as condições de nossa realidade, tendo em vista o delineamento de nossa atuação na história.

Os dois sentidos da palavra estão, pois, estreitamente ligados: os acontecimentos históricos (a história-acontecimento) são o objeto de análise do conhecimento histórico (da história-conhecimento).

Numa extensão ampla dos dois sentidos, história seria então aquilo que aconteceu (com o homem, com a natureza, com o universo, enfim) e o estudo desses acontecimentos. Tudo tem sua história, pois sabemos que tudo se transforma o tempo todo. Mas aqui nos interessam principalmente as transformações das sociedades humanas.

O sentido mais difundido do termo é o primeiro; na maior parte do tempo em que falamos em "história", referimo-nos, por exemplo, à "história da América", ou "às grandes figuras da história". Mas aqui tratamos especificamente do segundo sentido, o de conhecimento histórico, cujo objeto são as transformações permanentes dos homens vivendo em sociedade.

O primeiro capítulo apresenta um breve resumo de como foi produzido até hoje este conhecimento. Neste capítulo, veremos como é hoje compreendida e produzida a história. Essa conceituação atual é resultante do longo caminho da história, observado no primeiro capítulo.

O que é a história e para que serve?

A função da história, desde seu início, foi a de fornecer à sociedade uma explicação sobre ela mesma. A história se coloca hoje em dia cada vez mais próxima às outras áreas do conhecimento que estudam o homem (a sociologia, a antropologia, a economia, a geografia, a psicologia, a demografia etc.), procurando explicar a dimensão que o homem teve e tem em sociedade. Cada uma dessas áreas tem seu enfoque específico. Uma visão mais ampla e mais completa, entretanto, exige a cooperação entre as diversas áreas. Isso tem sido tentado pelos estudiosos com maior ou menor êxito, no chamado trabalho interdisciplinar, pois inclui diferentes disciplinas. A história é hoje, entre as ciências humanas, uma ciência bastante fecunda, sobretudo devido a isso.

A história procura especificamente ver as transformações pelas quais passaram as sociedades humanas. A transformação é a essência da história; quem olhar para trás, na história e sua própria vida, compreenderá isso com facilidade. Nós mudamos constantemente; isso é válido para o indivíduo e também é válido para a sociedade. Nada permanece igual, e é através do tempo que se percebem as mudanças.

Estudar as mudanças significou durante muito tempo uma preocupação com momentos que são vistos como de crise e de ruptura... Hoje se sabe que mesmo mudanças que parecem súbitas, como os movimentos revolucionários, não somente foram lentamente preparados — de forma voluntária e involuntária, por diferentes circunstâncias — mas não conseguiram mudar totalmente as estruturas das sociedades onde se realizaram; são exemplos significativos tanto a Revolução Francesa como a Revolução Russa de 1917. Percebe-se, ligada a isso, uma preocupação cada vez maior dos historiadores não só com mudanças, mas também com as permanências.

O tempo é a dimensão de análise da história. O tempo histórico através do qual se analisam os acontecimentos não corresponde ao tempo cronológico que vivemos e que é definido pelos relógios e calendários. No tempo histórico podemos perceber mudanças que parecem rápidas, como os acontecimentos cotidianos: por exemplo, num golpe de Estado, cujo desenrolar acompanhamos pelos jornais. Vemos também transformações lentas, como no campo dos valores morais: o machismo, por exemplo, é um valor que impera na maior parte das sociedades que a história estuda, a ponto de se poder dizer que a história que está escrita mostra um processo praticamente só conduzido pelos homens. No Ocidente, há cerca de um século para cá, surge um questionamento mais constante desse valor milenar. Isso se dá em grande parte devido a uma participação maior da mulher no processo de produção.

Quase sempre que a história da humanidade nos é apresentada, é a evolução da sociedade europeia ocidental que é tomada como modelo de desenvolvimento. Essa posição eurocêntrica é errada: do ponto de vista da história, a evolução da sociedade europeia ocidental, com seu alto grau atual de desenvolvimento tecnológico, não deve ser um padrão de comparação para se estudar a história de qualquer outra parte do sistema capitalista, como, por exemplo, a América Latina. Não se deve, por meio desse tipo de comparação, julgar se uma sociedade está "atrasada" ou "adiantada" em seu desenvolvimento histórico.

Não há uma linha constante e progressiva de desenvolvimento na história da humanidade, para todas as sociedades ou nações. Temos, ao mesmo tempo, hoje em dia, sociedades com formas de vida primitivas, consideradas ainda no chamado período pré-histórico (por exemplo, como certas tribos na Nova Zelândia), e sociedades com um grau de desenvolvimento que permite explorações interplanetárias (como fazem os americanos e os russos). Não se percebe, ainda como exemplo, uma linha constante e progressiva da passagem, a partir da Antiguidade, do trabalho escravo ao trabalho assalariado: a escravidão quase que desaparece na Europa Ocidental, durante a Idade Média, para reaparecer na Idade Moderna, imposta pelos europeus nas Américas, como forma de relação de trabalho dominante. Não se deve, portanto, identificar a ideia de processo histórico com a de progresso necessário.

Assim, na chamada História Universal, ou, no campo mais didático de uma História Geral, portanto, dizer-se que existe um processo histórico linear, contínuo, progressista é algo que não deve ser feito. Uma história geral ou universal não deve ser assim pensada. O desenrolar de cada sociedade é muito característico, é único; hoje em dia estamos cada vez mais temerosos de pensar na possibilidade de leis para suas transformações, pois se acredita que cada uma mude segundo ritmos e formas específicas.

As alterações são decorrentes da ação dos próprios homens, sujeitos e agentes da história. Não é uma evolução que se possa chamar de natural: a história da humanidade é diferente da natureza e a natureza também tem sua história, pois ela também passa por mudanças; todo o universo, nas suas mais diferentes partes, sofre mudanças, e por isso tem sua história. Mas a história é diferente justamente por ser feita pelos homens. São os homens constituídos em sociedade que, embora nem sempre deliberada e conscientemente, atuaram e atuam para que as coisas se passem de uma ou de outra maneira, para que tomem um rumo ou outro.

A entidade "História" não existe. Uma força superior externa aos homens (uma divindade, a determinação das forças produtivas etc), que os conduzisse como veículos, não existe.

Não se deve buscar uma razão para um desenrolar da história da humanidade. O sentido dos diferentes acontecimentos históricos e dos processos específicos de transformações sociais devem ser procurados nos próprios acontecimentos, por meio dos procedimentos que aqui introduziremos brevemente. A trajetória do homem na Terra é indeterminada, em busca de sua própria razão de ser. A finalidade desse conhecimento não é explicar a razão de ser do homem na Terra, não é dar uma justificativa do que aqui estamos fazendo. Sua finalidade é estudar e analisar o que realmente aconteceu e acontece com os homens, o que com eles se passa de maneira concreta. Essa análise não é para buscar uma filosofia da vida.

Saber o que o homem fez em sociedade desde que está na Terra mostra muito sobre o próprio homem, ajuda a entendê-lo e a entender as sociedades, assim como o fato de se saber o que faz e fez uma pessoa ajuda a entendê-la. Explicar as transformações sociais esclarecendo seus comos e porquês levam a perceber que a situação de hoje é diferente da de ontem. Isso pode nos permitir, seja uma grande satisfação proporcionada pelo conhecimento, seja um melhor embasamento de nossas atuações concretas na sociedade, ou mesmo as duas coisas. Não estamos aqui falando em se tirar lições de moral da história.

Falamos sempre em "humanidade". Como ela está em constantes transformações, não existe uma "essência humana imutável" desde o início dos tempos, mas homens diversos, em situações diversas. A humanidade não é um todo homogêneo, e a história não a analisa assim. Na realidade, dificilmente o historiador pode tratar, ao mesmo tempo, de toda a humanidade. Ao escrever a história, em geral ele se ocupa especificamente de uma determinada realidade concreta, situada no tempo e no espaço. Estudam-se uma tribo, um povo, um império, uma nação, uma civilização, como, por exemplo, o povo judeu, antes do nascimento de Cristo; a formação do Império Macedônico, a civilização greco-romana, o surgimento da França etc.

O homem é um ser finito, temporal e histórico. Ele tem consciência de sua historicidade, isto é, de seu caráter eminentemente histórico. O homem vive em um determinado período de tempo, em um espaço físico concreto; nesse tempo e nesse lugar ele age sempre, em relação à natureza, aos outros homens etc. É esse o seu caráter histórico. Tudo o que se relaciona com o homem tem sua história; para descobri-la, o historiador vai perguntando: o quê? quando? onde? como? por que? para que?...

Todos percebemos, por experiência, a ligação básica implícita dentro da ideia geral de tempo: passado-presente-futuro. Fazer uma história do presente não é, escrever sobre ele, mas sobre indagações e problemas contemporâneos ao historiador. É preciso conhecer o presente e, em história, nós o fazemos, sobretudo por meio do passado, remoto ou bem próximo.

Conforme o presente que vivem os historiadores, são diferentes as perguntas que eles fazem ao passado e diferentes são as projeções de interesses, perspectivas e valores que lançam no passado. Eis por que a história é constantemente reescrita. Isso se resume bem na frase: "A história é filha de seu tempo". Mesmo quando se analisa um passado que nos parece remoto, portanto, seu estudo é feito com indagações, com perguntas que nos interessam hoje, para avaliar a significação desse passado e sua relação conosco.

A história vista como o estudo do passado parece hoje para todos um ponto pacífico. Mas a história também é aceita como o estudo do passado em função de um presente desde os historiadores gregos.

A ligação da história com o futuro, porém, é bem mais sutil: não se pode falar em uma história do futuro. Qualquer colocação nesse sentido é mera especulação. Pode-se falar em tendências, probabilidades, possibilidades históricas, mas não mais do que isso. Fazê-lo seria impor um esquema prefixado de como as coisas devem ser passar, o que é impossível. A partir de um diagnóstico do presente, ela pode ajudar a delinear ações, não mais que isso.

Assim, fica bem claro por que não se define história hoje como o desenrolar de um processo evolutivo, linear, determinado por diferentes forças, mas como um campo de diferentes possibilidades; falando-se por imagens, podemos pensar o desenrolar da história não como uma régua, mas como um caleidoscópio. Vivemos desde o final dos anos 1980 uma crise da construção de modelos teóricos explicativos das transformações das sociedades criados pelas ciências humanas, em especial pela sociologia, e que tiveram uma grande influência na história. O historiador deve ficar sempre muito atento para não tentar atribuir a posteriori — pois o historiador trabalha sempre sobre um acontecimento, uma realidade, que já se deu — uma racionalidade que não existia.

Na Europa, em meio às grandes transformações que vêm desde os meados deste século após a Segunda Guerra Mundial, percebeu-se um grande desenvolvimento do conhecimento histórico, sobretudo em função da demanda da sociedade para entender suas mudanças. O atual impacto da "história política" — hoje renovada de seu enfoque antigo e tradicional, ou seja, o estudo das grandes figuras governantes, das batalhas, dos tratados e das constituições — se dá pelo exame de novos objetos, como, por exemplo, o estudo do imaginário e das sensibilidades políticas, e tem essa origem. O desenvolvimento atual de uma "história cultural" na França, nessa mesma linha, é visto como ligado à avidez da sociedade contemporânea francesa de apreender as relações entre valores e normas no campo das motivações das ações sociais.

Para muitos, o conhecimento do passado serve para manter as tradições, por vezes no sentido de tentar impedir as permanentes mudanças; para outros, o sentido da história é propiciar o desenvolvimento de forças transformadoras das sociedades. Portanto, em resposta à pergunta "para que serve a história?" surgem respostas diversas e por vezes opostas.

Como produzir a história?

O historiador examina sempre uma determinada realidade, que se passou concretamente em um tempo determinado e em um lugar preciso. Sua primeira tarefa é situar no tempo e no espaço o objeto que ele quer estudar: a Inglaterra no início do capitalismo, os descobrimentos portugueses dos séculos XV e XVI, a revolta dos estudantes parisienses em maio de 1968, etc. Cada realidade histórica é única, não se repetindo nunca de forma igual.

O trabalho de investigação do historiador tem procedimentos muito semelhantes aos do detetive: é uma pesquisa no sentido policial do termo, buscando indícios, provas e testemunhos, para encontrar os condicionamentos, os motivos e as razões.

*O historiador Sérgio Buarque de Holanda (1902–1982)
em plena atividade de pesquisa.*

Só se pode conhecer algo do passado por meio do que dele ficou registrado e documentado para a posteridade. A maior parte da documentação utilizada em história é escrita, a ponto de se considerar, impropriamente, como "tempos históricos" aqueles que se iniciam com a invenção e a difusão da escrita. Na verdade, isso não é correto. O homem tem história desde que ele existe na Terra, mesmo que ela não esteja devidamente documentada para as gerações que vieram depois.

Alguns períodos históricos ficaram muito pouco documentados por escrito. Para conhecê-los é preciso o auxílio das técnicas auxiliares da história, que surgem no século XVI e que são as únicas a ajudar a reconstituir uma determinada época. Por exemplo, o estudo dos povos bárbaros que invadem o Império Romano entre os séculos II e V d.C. é um dos mais incompletos, pois praticamente não é documentado por fontes escritas. É só com a ajuda da toponímia (estudo dos nomes de locais), da linguística (estudo das línguas), da numismática e da arqueologia que se pode chegar a algumas conclusões.

O importante e essencial é que o trabalho do historiador se fundamente numa pesquisa dos fatos comprovados concretamente. Em geral, é comum, sobretudo em realidades históricas mais próximas de nós, que os vestígios dessas realidades sejam inúmeros e que o trabalho do historiador se inicie por uma seleção desses dados. Essa seleção é feita em função dos dados do passado que lhe pareçam mais significativos.

A diversidade dos testemunhos do passado é muito grande. Tudo quanto se diz ou se escreve, tudo quanto se produz e se fabrica pode ser um documento histórico. Antigamente a ideia de um documento histórico era a de "papéis velhos", referentes a "pessoas importantes" (reis, imperadores, generais, grandes nomes das artes ou das religiões etc.), as quais eram vistas como os condutores da história. Atualmente tem-se consciência de que, entre outros exemplos, uma caderneta de despesas de uma dona de casa, um programa de teatro, um cardápio de restaurante, um folheto de propaganda são documentos históricos significativos e reveladores de seu momento.

As fontes ou documentos não são um espelho fiel da realidade, mas são sempre a representação de parte ou momentos particulares do objeto em questão. Uma fonte representa muitas vezes um testemunho, a fala de um agente, de um sujeito histórico; devem ser sempre analisadas como tal.

Fazer-se uma listagem de fatos, sem caráter explicativo, não é história, é cronologia, que é uma parte que deve embasar o trabalho do historiador. Fazer uma interpretação histórica sem base concreta dos fatos é ficção histórica, e está muitas vezes a serviço de outros interesses, em geral mais imediatísticos e ligados a disputas de poder.

Os fatos devem ser trabalhados pelo historiador de forma cuidadosa, conforme os métodos mais recentes e aplicáveis ao seu objeto de estudo. Infelizmente, a pesquisa do historiador, como a do detetive, toma muito tempo e deve ser, sobretudo, muito crítica e cautelosa; é preciso que nos lembremos sempre de que a pressa é a grande inimiga do trabalho intelectual.

Na atual sociedade de massas, todos os meios de comunicação — a chamada mídia — fornecem fontes riquíssimas para a história dos tempos mais próximos, as quais devem ser manipuladas pelos historiadores com cuidados específicos. Até agora, as fontes escritas têm sido as mais aproveitadas; muitos trabalhos de história feitos com a imprensa têm utilizado esse tipo de fonte respeitando sua especificidade; por exemplo, o jornal. Para os historiadores positivistas, que procuravam "uma verdade absoluta", o jornal não podia ser considerado um documento válido, na medida em que continha uma subjetividade implícita.

Hoje é sabido que um órgão da imprensa está sempre defendendo posições, querendo formar opiniões, ao vender informação. É justamente isso que permite ao historiador detectar a posição político-ideológica do jornal, ou seja, o que pensam de política e qual a visão da realidade que têm

O que é história 63

Nos jornais está toda a história de uma época.

os proprietários ou diretores do jornal, ou melhor, o grupo social que eles representam. É fácil exemplificar, chamando a atenção dos leitores para a diferença entre um jornal da chamada imprensa burguesa e um jornal da chamada imprensa alternativa. Por meio da multiplicidade de informações, problemas, temas e testemunhos que nos chegam em um jornal, podemos atingir muito da riqueza da realidade multifacetada de outros tempos e outros espaços.

O historiador deve trabalhar os documentos com muito cuidado e critérios rigorosos. Nesse trabalho é preciso muitas vezes o recurso a técnicas especiais. Por exemplo, para se conhecer a sociedade paulista do século XVII, são fundamentais os originais de inventários e testamentos da época (hoje em sua maioria impressos), guardados, para melhor conservação, dentro de latas, no Arquivo do Estado, em São Paulo. Para lê-los é preciso o domínio das já faladas técnicas especiais. Na arqueologia, por inúmeras vezes a aliada fundamental da pesquisa histórica, usa-se muito a técnica do carbono 14 para identificar a época a que pertence um objeto bem antigo.

As atividades acima descritas são as mais tradicionalmente associadas ao trabalho de um historiador. Todas as mais sofisticadas descobertas devem ser incorporadas pelos historiadores, como, há muitos anos, o foram a máquina de escrever, o gravador, depois a cópia, mais recentemente o computador, etc. No meio da poeira de documentos antigos, na lama das escavações ou no manuseio de instrumentos muito desenvolvidos tecnicamente, é sempre o homem vivo que o historiador procura encontrar, é a sociedade na qual esse homem viveu, trabalhou, amou, procriou, guerreou, divertiu-se, que o historiador quer decifrar. E, para tal, todo tipo de documento que esclareça esses aspectos é de fundamental importância.

Um historiador, ao se propor fazer uma pesquisa, já faz uma opção bem sua, ao decidir qual o objeto que ele vai estudar. Sua escolha é sempre encaminhada pela sua situação concreta. O historiador é um homem em sociedade, ele também faz parte da história que está vivendo. Escreve sua história historicamente situado, ou seja, numa determinada época, dentro de condições concretas de sua classe, sua instituição de ensino ou pesquisa, etc. Seu trabalho será condicionado tanto pelo nível de conhecimento então existente, pelos métodos e técnicas então à sua disposição, como por conta de interesses que ele possa estar defendendo, mesmo que inconscientemente.

A história, como vimos, não é só levantamento de dados ou fatos; elas os relaciona entre si, procurando descobrir e sistematizar as relações existentes entre eles. A história, como toda forma de conhecimento, procura desvendar, revelar, sistematizar relações desconhecidas, não claras.

Em história, surge sempre uma tarefa primordial: periodizar, isto é, organizar a sucessão de diferentes períodos cronológicos. Já mencionamos a primeira grande divisão que é feita na história humana: a existente entre a história e a pré-história. Para a maior parte dos historiadores, a divisão entre os dois períodos é marcada pelo aparecimento da escrita. Outras opiniões indicam, como critério para a entrada na chamada "história", o início do emprego da agricultura ou da metalurgia. Seja qual for o critério, a verdade é que o período considerado como pré-histórico, do qual temos bem pouco (ou quase nenhum) conhecimento, é muito maior do que o período histórico: para aproximadamente 600 mil anos de pré-história, só temos uns 60 mil de história! Quão pouco realmente sabemos da história do homem na Terra!

A história dita universal ou geral é dividida, tradicional e impropriamente, conforme já colocamos, em idades: Antiga, Média, Moderna e Contemporânea. A maior parte dos estudiosos hoje se bate contra essa divisão herdada de uma forma de contar a história mundial em função da civilização europeia ocidental. Essa divisão se aplica realmente só à história do mundo ocidental. É ele o centro das atenções, ficando o restante do globo em plano secundário. A história que é dividida é uma história na qual as outras partes do globo só entram em função de suas ligações com a Europa

Ocidental e, assim mesmo, muito superficialmente. O Brasil, por exemplo, durante as idades Antiga e Média está em plena "pré-história", só entrando na história na Idade Moderna quando é descoberto! Essas divisões implicam uma visão eurocentrista e progressista, porque procura mostrar um padrão de desenvolvimento histórico do qual a sociedade europeia ocidental seria o apogeu. Infelizmente, apesar desses graves defeitos, essa divisão está tão arraigada em nossos currículos universitários e escolares quanto em nossas mentalidades.

Na visão de um materialismo histórico dito "etapista", que se impôs durante o stalinismo, há uma periodização da história por meio de uma sucessão de modos de produção: o comunismo primitivo, o escravista (ou escravo ou escravagista), o feudal e o capitalista; segundo analisavam adeptos dessa visão, esses modos de produção seriam seguidos pelo modo de produção socialista (Já em existência em regiões como Europa Oriental, China).

Periodizar, organizar fatos em sua sequencia cronológica, é uma etapa básica para o estabelecimento das relações entre eles, é uma necessidade fundamental para a construção de uma explicação histórica. Assim, os historiadores trabalham com um período de tempo limitado entre datas que se esforçam por precisar; nesse sentido, fica muito clara a frase que diz que a exatidão não é uma qualidade do trabalho do historiador, mas sim sua obrigação. A periodização, portanto, pode ser muito importante para mostrar as diversas épocas ou períodos em que a sociedade se organiza de diferentes formas. Ela é importante para mostrar a especificidade de um período, se mostrar no que um período constitui uma totalidade, uma realidade diversa de outra; em resumo, essa forma de periodização deve ter um caráter explicativo e não ser um mero enquadramento por balizas cronológicas.

Por que escolher uma data ou outra? Dentro da visão de processo, as transformações em história sempre são lentas e é quase impossível marcarem-se datas-limite que indiquem delimitações nítidas, as quais implicariam transformações súbitas. Embora tenhamos consciência clara de que cada vez mais se acelera o ritmo de mudanças do mundo contemporâneo — a ponto de nos parecer que o mundo mudou mais neste século do que em todos os anteriores —, sabemos que as transformações profundas e estruturais são muito lentas.

* * *

Mais recentemente, percebemos uma discussão de fundo entre os historiadores, já introduzida aqui: alguns deles se recusam a se preocupar com a chamada macro-história, com grandes sínteses, com as estruturas sociais. A especialização do conhecimento histórico em inúmeros campos tem um grande papel nessa fragmentação. Para outros historiadores, renunciar a se preocupar com visões globais, abrir mão do sentido político da história e de sua ligação com o presente é decretar uma crise fatal para o conhecimento histórico. Também recentemente, sobretudo depois da segunda metade dos anos 1980, se começa a estudar cada vez mais as relações entre a história e a memória.

Ao concluir o capítulo, fica bem claro que a história, como todas as formas de conhecimento, está sempre se reformulando, buscando caminhos novos e próprios. Este capítulo não é "receitinha ideal" de como escrever a história, válida "para todos os tempos e todos os lugares"! É óbvio que essa é a minha visão, resultante histórica de minha própria posição.

Infelizmente, é preciso desiludir-se de início: escrever história não é estabelecer certezas, mas é reduzir o campo das incertezas, é estabelecer um feixe de probabilidades. Não é dizer tudo sobre uma determinada realidade, determinado objeto do passado, mas explicar o que nesses é fundamental. Nem por isso se deve cair num total relativismo em que toda e qualquer explicação tenha a mesma importância, o mesmo peso. Para muitos de nós, a história chega ao século XXI como um grande campo de possibilidades.

Para esse tipo de conhecimento histórico, todas as conclusões são provisórias, pois podem ser aprofundadas e revistas por trabalhos posteriores. Um "saber absoluto", uma "verdade absoluta" não servem aos estudiosos sérios e dignos do nome; servem aos totalitários, tanto de direita como de esquerda, que, colocando-se como donos do saber e da verdade, procuram, por meio da explicação histórica, justificar a sua forma de poder.

IV
A HISTÓRIA NO BRASIL

Nós, aqui no Brasil (como nos outros países da América), somos herdeiros da civilização europeia ocidental. Dela herdamos instituições, técnicas, valores etc., através da colonização portuguesa. Os países da Península Ibérica (Portugal e Espanha) são os grandes navegadores dos séculos XV e XVI. A eles deve a América Latina o fato de "ter entrado na história", e toda a nossa formação histórica está ligada, desde o início de nosso período colonial, à metrópole portuguesa que nos coloniza.

Com o desenvolvimento capitalista do século XIX, os laços com a Europa se estreitam por outras vias, pois já éramos politicamente independentes desde a terceira década. O aparecimento de um mercado mundial, através da revolução comercial empreendida pelos europeus ocidentais desde o século XV, constitui um sistema capitalista mundial, do qual o Brasil desde então faz parte.

O sistema capitalista é composto em sua essência de partes diferentes e relacionadas entre si; não se deve pensar que, necessariamente, vamos seguir o modelo de desenvolvimento das outras partes do sistema, que são as regiões altamente desenvolvidas, como os países do Mercado Comum Europeu, Suécia, EUA, etc. As diferentes partes do sistema tiveram e têm ainda hoje uma evolução histórica própria; a crescente abertura do mundo socialista ou comunista ao mercado capitalista, como se dá no Leste europeu e na China, é um dado novo para a análise do sistema. É, portanto, dentro desse quadro geral amplo, e, ao mesmo tempo, de uma realidade concreta própria — a brasileira —, que o nosso historiador produz história.

Temos, desde o início, uma história oficial: é a versão escrita pelos cronistas contratados pela casa real portuguesa para escrever a história de seu país, do qual éramos, depois da perda das Índias, a colônia mais promissora. Aqui também são criados cargos de cronistas nas diferentes câmaras municipais. Esse gênero de história, essencialmente narrativa e registrando fatos, continua sendo escrito pelos membros das sociedades históricas, academias e institutos que foram aqui introduzidos no século XVIII. Seus membros são muitas vezes figurões (barões, marqueses, ministros, senadores), o que mostra ainda uma ligação direta entre a história escrita e o poder oficial, pois os historiadores são vinculados diretamente ao Estado. São então criados os arquivos e bibliotecas governamentais, que se preocupam com a documentação histórica, e que preservam as fontes que possuímos de nosso passado, embora boa parte da documentação sobre o período colonial se encontre nos arquivos portugueses.

Há uma documentação muito sugestiva do período, como, por exemplo, a escrita pelos jesuítas (correspondência, discursos, tratados), ocupados na educação de colonos e índios. Outros exemplos magníficos são as obras *Cultura e opulência no Brasil* (de Antonil, publicada em Lisboa no início do século XVIII) e *Diálogo das grandezas do Brasil* (do século XVII, de autoria discutida); são verdadeiros levantamentos econômicos da situação da colônia, essenciais para o conhecimento do período. Também muito ricos, do ponto de vista histórico, são os depoimentos escritos pelos visitantes estrangeiros. Essa história escrita involuntariamente é muito mais atraente e elucidativa do que a oficial.

Ao contrário da América espanhola, que possui universidades desde o início da colonização, o Brasil só vai ter universidades a partir do século XX. Os historiadores que tentam escrever nossa história fazem-no isoladamente ou no âmbito das instituições oficiais já apontadas.

Nossa história, como a história em geral, também é, quanto às fontes e documentação existentes e quanto às interpretações, fortemente marcada pela ação dos grupos sociais predominantes no país. Um dos nossos grandes historiadores é Francisco de Varnhagen, de formação da referida "escola científica alemã" (caracterizada pela grande preocupação com a pesquisa e o levantamento de fontes). A ele devemos um enorme impulso na produção da história brasileira. Ele escreve no Segundo Império (segunda metade do século XIX), em uma época em que aproximadamente 60% de nossa população é escrava.

Analistas de sua obra mostram como ela se baseia em dois elementos interpretativos: a superioridade da forma monárquica (por ser responsável pela unidade do país após a Independência) e a superioridade da raça branca. Isso mostra como seu trabalho está impregnado dos valores e preconceitos da sociedade de sua época. Entretanto, o levantamento de fontes feito por ele, juntamente com o feito por Capistrano de Abreu, são fundamentais para os trabalhos posteriores de história do Brasil. Ao avaliarmos o valor da obra de história, sempre devemos fazê-lo dentro do contexto que a produziu.

Na universidade, a introdução da história se dá, sobretudo, através da influência da Faculdade de Filosofia, Ciências e Letras da Universidade de São Paulo, fundada na década de 1930. Nessa fundação foi muito marcante a influência de professores franceses. No campo da história, em específico, essa influência é muito clara, sobretudo nos currículos, programas e livros até hoje utilizados.

Nossa história é a biografia política da nação Brasil, à semelhança das histórias nacionais europeias do século XIX. Sua periodização — Colônia, Império e República — é a trilogia de nossas formas políticas de organização; é essa tripartição que constitui a espinha dorsal de nosso currículo mínimo (exigência do MEC) escolar e universitário, e, a partir disso, das preocupações das editoras. Confunde-se facilmente com a história oficial que acaba marcando o que aparece para a sociedade em geral, para o senso comum, como o "sentido verdadeiro" da história.

Na visão ampla que chega ao público maior — de forma leve e esporádica, devido ao desinteresse geral pela história — é uma história conservadora, do branco vencedor em sua democracia racial. Seu desenrolar é mostrado sem contradições, incruento, quase sem derramamento de sangue, seja na conquista do território nacional, seja na escravidão, na conquista da independência e posterior organização do país durante o período da Regência, etc. A sociedade brasileira aparece como um todo equilibrado, em que o "povo" surge de forma imprecisa e esporádica.

É uma história feita de vilões e heróis: a metrópole (Portugal) contra a colônia (Brasil), o imperialismo (primeiro inglês, depois americano) contra a nação brasileira, etc., numa divisão maniqueísta, a qual explica a realidade pela oposição dos dois princípios absolutos, o bem e o mal. O processo de evolução é mostrado como tendendo a um progresso constante e crescente, no qual acabará vencendo o herói Brasil.

Não se vê preocupação em descobrir as origens das contradições de nossa sociedade; muitos autores, quando tentam achar essa explicação, atribuem os males do Brasil ao caráter nacional de nosso povo; com diferentes variantes, culpam esse povo pela situação brasileira, na linha do romantismo histórico do século XIX, explicando a realidade por fatores imutáveis que se originam no passado.

As versões mais recentes mostram a preponderância do eixo Sul do país (sobretudo São Paulo e Rio de Janeiro), o qual impõe seus valores às outras regiões, sem se preocupar com os conflitos regionais.

Exemplificando concretamente esse tipo de história: sob D. Pedro II, o Império é mostrado como uma fase

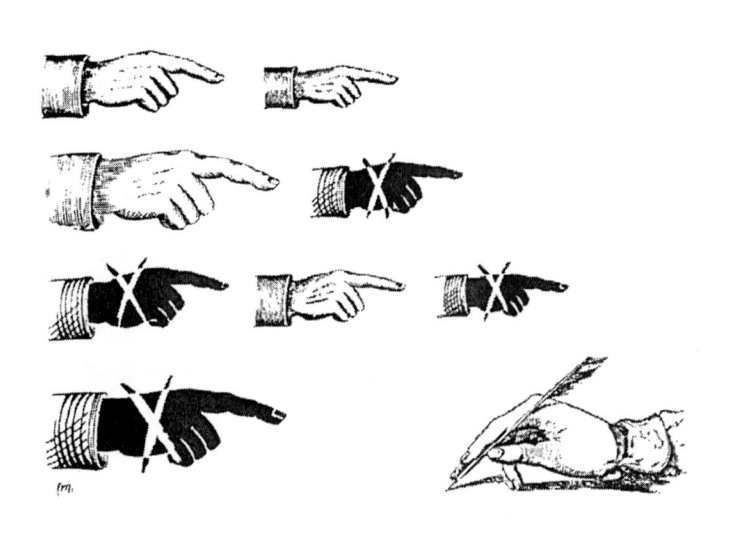

A história conservadora do branco vencedor.

calma, rósea, com um imperador sábio, culto, dedicado, com a presença de grandes nomes da vida parlamentar, com relações paternais entre senhores e escravos; estão todos colaborando tão intensamente para o futuro do país que é surpreendente que não tenhamos conseguido evitar nenhum de nossos graves problemas estruturais posteriores.

Outro exemplo: a insurreição pernambucana (expulsão dos invasores holandeses do Nordeste, no século XVII) é mostrada como o início do sentimento nativista, de amor à terra natal: sua vitória é o resultado da união fraternal das três raças: a branca (o português), a negra e a índia.

Não se fala da destruição das tribos indígenas pelos portugueses e o fato de os bandeirantes saírem para aprisioná-las é elogiado como um grande feito de conquista territorial. Não se explicam os quilombos negros, onde se refugiam os negros escravos à procura da liberdade.

Nas universidades há toda uma produção que procura rever esses mitos. Certamente não vejo o percurso da produção brasileira como uma mera decorrência, um reflexo das formas de se produzir história europeia; mas esse percurso e o nosso apresentam muita semelhança, em razão de nossos laços culturais e de contatos universitários. As discussões sobre o conceito de história e sobre sua finalidade marcam aos poucos — a partir, sobretudo dos anos

D. Pedro II e a imagem oficial do nosso Segundo Império

1970, quando a produção dos cursos de pós-graduação passa a ter um certo peso — a produção brasileira, centrada sobretudo no eixo Centro-Sul.

O marxismo, em suas diversas tendências, influenciou nossos trabalhos de história, muitas vezes de forma bastante pragmática. Das análises históricas muito marcadas pela sociologia e pela ciência, política, passou-se a recusar a pensar a história por meio de modelos teóricos, como essas ciências humanas.

Paralelamente, nossas próprias mudanças sociais motivam bastante nossas preocupações com a história. Por exemplo, o crescimento da produção de análises sobre o período republicano se deu seguramente pelo seguinte: os desdobramentos do golpe político-empresarial de abril de 1964 afetaram de maneira direta o mundo universitário e os historiadores tentaram, então, entender o que foi a República no Brasil. Há um grande repensar do papel do político, do Estado, das classes, etc. Na linha de denúncia da história oficial e conservadora, há muito ainda a ser feito, das mais diversas formas. Como um exemplo: nos anos 1980 surge, ligado a uma movimentação política geral da sociedade e, sobretudo, às greves de 1978 do ABC paulista, o tema de estudo de uma "classe operária"; essa é muitas vezes estudada por intermédio de seu cotidiano e não de seus canais institucionais.

Toda essa produção está muito circunscrita ao mundo acadêmico. Nos anos 1980, o surgimento de uma atividade editorial acessível a um público maior — a partir de coleções como esta Primeiros Passos e Tudo é História, seguidas de iniciativas semelhantes de outras editoras — alterou um pouco o quadro da transmissão e divulgação do conhecimento histórico em nosso país. Entretanto, como mostrei no início do livro, a história não tem, como outras manifestações da cultura tradicional, uma presença significativa no país.

Sob muitos aspectos, tem-se às vezes a impressão de que nos resta muitíssimo a fazer; há 29 anos, quando publiquei este pequeno livro pela primeira vez, a situação era, porém, mais desanimadora. Nota-se um movimento nos últimos anos que nos permite certa esperança em relação à preservação do patrimônio histórico e artístico. O cuidado com preservação, levantamento e organização de documentação histórica, porém tem ainda um avanço muito precário.

Em relação ao ensino da história — em especial o ensino público fundamental e médio —, é muito duro ter de escrever que não vejo ainda um raio de esperança. As condições de trabalho do professor são muito aviltantes, como patenteia a mídia do país; a formação universitária de professores de história é demorada, e supõe que o professor conheça muito bem como é produzida essa forma de conhecimento; somente assim estará ele (ela) em condições de evitar um ensino repetitivo e memorizador, que caracteriza o ensino da história até hoje. Não se consegue ainda, de forma sistemática e ampla, despertar nos alunos o interesse pelo raciocínio histórico, mostrar sua importância. Ensino "decoreba" gera o "samba do crioulo doido": embaralham-se em suas cabeças, desarticuladamente, nomes, datas, fatos e personagens; há exemplos disso na mídia, por ocasião dos vestibulares, engraçados pela sua confusão, se não fossem tão tristes em sua significação.

No momento, a história no Brasil parece defrontar-se com um enorme desafio. É preciso encontrar uma solução para um problema complexo: a produção histórica deve aproveitar toda a experiência existente (do ponto de vista teórico-metodológico, do ponto de vista do trabalho crítico de fontes, etc.). Mas, ao procurar atender a esses requisitos que garantem um bom nível, a história acadêmica se fecha na "torre de marfim" da universidade e não alcança o público mais amplo, a sociedade à qual se destina. Não se pode ver esse problema como dizendo respeito apenas aos historiadores. Somente por meio de uma ampla luta pelo ensino, e de uma defesa acirrada da cultura, a história, como a expus neste livro, terá em nosso país melhor produção, ensino e divulgação.

Será que consegui convencer você, meu leitor, de que essa luta tem sentido e vale a pena?

INDICAÇÕES PARA LEITURA

Como se pode perceber pelo livro, as leituras básicas para nós são traduções, sobretudo francesas e inglesas; não vamos indicar livros não traduzidos. Como é a tônica da coleção, fiz um esforço muito grande de seleção para esta introdução. Vejamos:

Para visão geral das tendências e perspectivas:
BOURDÉ, Guy e MARTIN, Hervé; *As escolas históricas*. s.l.: Publicações Europa-América, 1990.
BARRACLOUGH, Geoftrey; *A história 2 v*. Lisboa: Bertrand, 1980;

CARBONNEL Charles Olivier; *A historiografia*. Lisboa: Teorema, 1990.

Para introdução nas discussões sobre o conhecimento histórico:

BLOCH Marc; *Introdução à história*. s.l.: Publicações Europa-América (Original dos anos 1940). (Coleção Saber).

CARR Edward H., *Que é história*. Rio de Janeiro: Paz e Terra, 1973.

LE GOFF Jacques (org.), *Enciclopédia Einaudi Vol. 1*, "História-Memória". Lisboa: Imprensa Nacional, 1984.

Também nesse sentido, ver os manuais universitários:

GLÉNISSON Jean, *Iniciação aos estudos históricos*. São Paulo: Difel, 1977;

CARDOSO Ciro F. e BRIGNOLI Hector P., *Os métodos da história*. Rio de Janeiro: Graal, 1979.

Para discussão das tendências mais recentes:

LE GOFF Jacques e NORA Pierre, *História: novos métodos, novos problemas e novas abordagens* 3 v. Rio de Janeiro: Francisco Alves, 1976.

THOMPSON Edward P., *A miséria da teoria: ou um planetário de erros*. Rio de Janeiro: Zahar, 1981.

FURET François, *A oficina da história*. Lisboa: Gradiva, 1985. DOSSE François, História em migalhas: dos Annales à Nova História. São Paulo: Ensaio, 1992.

Para ver o marxismo em seu século de história:
HOBSBAWN Eric J. (org.): *História do marxismo*. Rio de Janeiro [s.d.]. Paz e Terra.

Para acompanhar a produção acadêmica mais recente, ver:
REVISTA BRASILEIRA DE HISTÓRIA, órgão da Associação Nacional de Professores Universitários de História (ANPUH), com sede no Departamento de História da Universidade de São Paulo.

Sobre ensino de história:
CITRON Suzanne, *Ensinar história hoje: a memória perdida e reencontrada*. Portugal: Livros Horizonte, [s.d.].
CABRINI Conceição e outros, *Ensino da história: revisão urgente*. São Paulo: Brasiliense, 1986.

SOBRE A AUTORA

Vavy Pacheco Borges é, desde 1987, professora no Departamento de História da Unicamp. Lecionou inicialmente no ensino particular de níveis fundamental e médio; depois, por quase 15 anos, na PUC-SP, onde se interessou pelo ensino e divulgação da história. Nessa linha, publicou este livro e, em 1986, *Ensino da história: revisão urgente*, resultado do projeto que coordenara no início dos anos 1980.

Há muitos anos leciona história da Idade Média; leciona e faz pesquisas em história política republicana. Nessa área, tem publicadas sua dissertação de mestrado: *Getúlio Vargas e a oligarquia paulista: história de uma esperança e muitos desenganos* (Brasiliense, 1979, esgotado) e sua tese de doutorado: *Tenentismo e revolução brasileira* (Brasiliense, 1992).